En aquel prado

Para Margaret, Charles, Leonora y Joe

Las ilustraciones de collage de este libro están hechas de recortes de papel y otros materiales, como corcho y madera de chapear, y con pintura acrílica aplicada con brocha, esponjilla o sellos de caucho.

5 6 7 8 9 10   08   00 99 98

En aquel prado

Una antigua rima de números

(Basada en el original escrito por Olive A. Wadsworth)

Ilustraciones de David A. Carter

SCHOLASTIC INC.

New York Toronto London Auckland Sydney

En aquel prado, bajo el sol y en la duna
Vivía mamá tortuga con su tortuguita, **una**.
"Haz un hoyo", dijo mamá. *"Hagamos uno"*, dijo la otra.
Y cavaron todo el día bajo el sol y en la duna.

5

En aquel prado, donde el río corre veloz
Vivía mamá pez con sus pececitos, **dos**.
"Naden", dijo mamá. *"Nademos"*, dijeron los dos.
Y nadaron todo el día donde el río corre veloz.

7

En aquel prado, junto al roble y el ciprés
Vivía mamá búho con sus polluelitos, **tres**.
"Silben", dijo mamá. *"Silbemos"*, dijeron los tres.
Y silbaron todo el día junto al roble y el ciprés.

En aquel prado, junto a la puerta del establo
Vivía mamá ratona con sus ratoncitos, **cuatro**.
"Roan", dijo mamá. *"Roamos"*, dijeron los cuatro.
Y royeron todo el día junto a la puerta del establo.

En aquel prado, en la colmena y entre brincos
Vivía mamá abeja con sus abejitas, **cinco**.
"*Zumben*", dijo mamá. "*Zumbemos*", dijeron las cinco.
Y zumbaron todo el día en la colmena y entre brincos.

En aquel prado, en la rama como veís
Vivía mamá cuervo con sus cuervitos, **seis**.
"Graznen", dijo mamá. *"Graznemos"*, dijeron los seis.
Y graznaron todo el día en la rama como veís.

En aquel prado, donde la hierba suave crece
Vivía mamá rana con sus renacuajos, **siete**.
"Salten", dijo mamá. *"Saltemos"*, dijeron los siete.
Y saltaron muy felices donde la hierba suave crece.

En aquel prado, cerca del árbol mocho
Vivía mamá lagarta con sus lagartijas, **ocho**.
"Tomen sol", dijo mamá. *"Tomemos sol"*, dijeron las ocho.
Y todas tomaron sol cerca del árbol mocho.

En aquel prado, en la charca del pino verde
Vivía mamá pata con sus patitos, **nueve**.
"*Cuac*", dijo mamá. "*Cuac-cuac*", dijeron los nueve.
Y cuac-cuac cantaron todos en la charca del pino verde.

En aquel prado, donde abunda la mies
Vivía mamá castor con sus castorcitos, **diez**.
"Construyan", dijo mamá. *"Construyamos"*, dijeron los diez.
Y construyeron todo el día allí donde abunda la mies.

En aquel prado, junto al roble y el ciprés
Vivía mamá búho con sus polluelitos, **tres**.
"Silben", dijo mamá. "Silbemos", dijeron los tres.
Y silbaron todo el día junto al roble y el ciprés.

En aquel prado, bajo el sol y en la duna
Vivía mamá tortuga con su tortuguita, **una**.
"Haz un hoyo", dijo mamá. "Hagamos uno", dijo la otra.
Y cavaron todo el día bajo el sol y en la duna.

En aquel prado, junto a la puerta del establo
Vivía mamá ratona con sus ratoncitos, **cuatro**.
"Roan", dijo mamá. "Roamos", dijeron los cuatro.
Y royeron todo el día junto a la puerta del establo.

En aquel prado, donde el río corre veloz
Vivía mamá pez con sus pececitos, **dos**.
"Naden", dijo mamá. "Nademos", dijeron los dos.
Y nadaron todo el día donde el río corre veloz.

En aquel prado, en la colmena y entre brincos
Vivía mamá abeja con sus abejitas, **cinco**.
"Zumben", dijo mamá. "Zumbemos", dijeron las cinco.
Y zumbaron todo el día en la colmena y entre brincos.

En aquel prado, en la rama como veís
Vivía mamá cuervo con sus cuervitos, **seis**.
"Graznen", dijo mamá. "Graznemos", dijeron los seis.
Y graznaron todo el día en la rama como veís.

En aquel prado, donde la hierba suave crece
Vivía mamá rana con sus renacuajos, **siete**.
"Salten", dijo mamá. "Saltemos", dijeron los siete.
Y saltaron muy felices donde la hierba suave crece.

En aquel prado, cerca del árbol mocho
Vivía mamá lagarta con sus lagartijas, **ocho**.
"Tomen sol", dijo mamá. "Tomemos sol", dijeron las ocho.
Y todas tomaron sol cerca del árbol mocho.

En aquel prado, en la charca del pino verde
Vivía mamá pata con sus patitos, **nueve**.
"Cuac", dijo mamá. "Cuac-cuac", dijeron los nueve.
Y cuac-cuac cantaron todos en la charca del pino verde.

En aquel prado, donde abunda la mies
Vivía mamá castor con sus castorcitos, **diez**.
"Construyan", dijo mamá. "Construyamos", dijeron los diez.
Y construyeron todo el día allí donde abunda la mies.

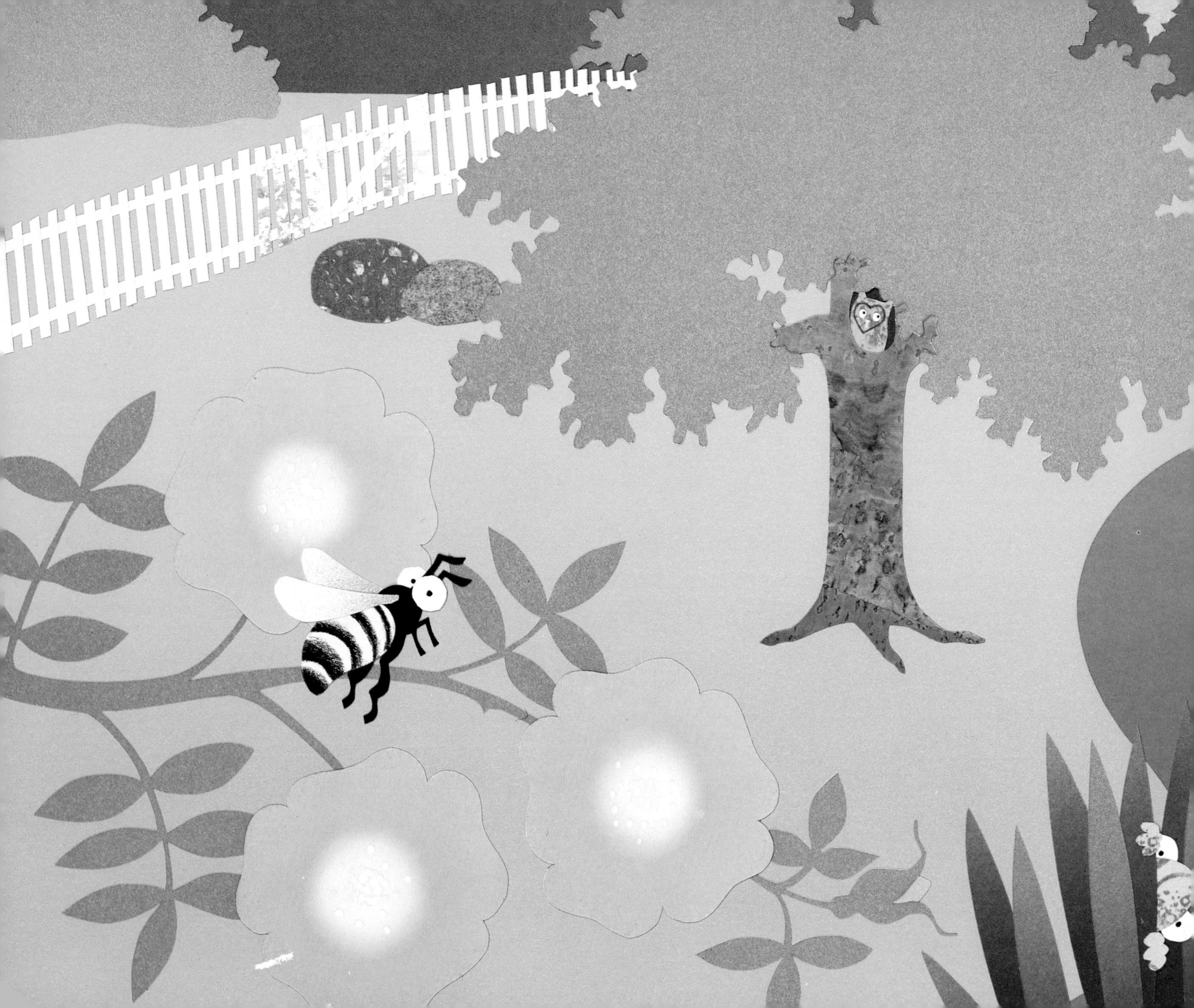